100
Poemas para Reflexionar

Alejandra Díaz

Reservados todos los derechos. No se permite la reproducción total o parcial de esta obra, ni su incorporación a un sistema informático, ni su transmisión en cualquier forma o por cualquier medio (electrónico, mecánico, fotocopia, grabación u otros) sin autorización previa y por escrito de los titulares del copyright. La infracción de dichos derechos puede constituir un delito contra la propiedad intelectual.

El contenido de esta obra es responsabilidad del autor y no refleja necesariamente las opiniones de la casa editora. Todos los textos fueron proporcionados por el autor, quien es el único responsable sobre los derechos de los mismos.

Publicado por Ibukku
www.ibukku.com
Diseño y maquetación: Índigo Estudio Gráfico
Copyright © 2020 Alejandra Díaz
ISBN Paperback: 978-1-64086-802-1
ISBN eBook: 978-1-64086-803-8

Índice

1. Ya nada será lo mismo	7
2. Mitad luna mitad sol	8
3. El fuego de la rebeldía	9
4. Destino en mutación	10
5. Nos alcanzan las brasas	11
6. Las cosas son como son	12
7. Ya no hay prisas	13
8. Nunca es demasiado tarde	14
9. Valora	15
10. Abrí los ojos del alma	16
11. Llamado a la acción	17
12. Te burlas porque envidias	18
13. Parecerá un castigo	19
14. Ser diferente tiene su precio	20
15. No está todo perdido	21
16 Construye hábitos	22
17. Detente	23
18. Hay que salirnos del ruedo	24
19. Jardín de mis esperanzas	25
20. No has perdido	26
21. El cambio no llega solo	27
22. La vida te sorprende	28
23. Tú y yo somos iglesia	29
24. Cuando dejé todo ir	30
25. Todo estará bien	31
26. Dominio propio	32
27. La fe es	33
28. Practica la fidelidad	34
29. Solo necesitas fe y confianza	35
30. Con Dios	36
31. No estés triste	37
32. Controlar nuestras pasiones	38

33. Al final	39
34. Se estrelló en tu ventana	40
35. Podemos ser diferentes	41
36. Procura reforzar tu fe	42
37. Tu destino es ser santo	43
38. Somos un peligro	44
39. Roba sonrisas	45
40. Haz espacio	46
41. Perder es la mejor opción	47
42. Evaluemos nuestros errores	48
43. Es tiempo de soltar	49
44. Hoy es un buen día	50
45. El verdadero amor no lleva prisas	51
46. Solo hace falta tu renuncia	52
47. No tienes razón	53
48. Déjate de escuchar a ti mismo	54
49. No tienes ningún problema.	55
50. No estás solo	56
51. No todo lo que nos gusta podrá ser nuestro	57
52. Cambia	58
53. La pereza es una ladrona	59
54. Poema a un hermano que murió	60
55. Basta de ser cínico	61
56. Terminó con su vida	62
57. Sin obediencia no hay paraíso	63
58. Benditos los años	64
59. Aprendí a vivir con fe	65
60. Regálale al mundo una nueva actitud	66
61. ¿Cuánto cuesta una sonrisa?	67
62. Hoy comprendes	68
63. Nos vemos forzados	69
64. En mi interior hay dos	70
65. Ayer lloré	71
66. Las excusas se derriten bajo el sol	72
67. Al soltar todo	73

68. Aquí y ahora	74
69. Entre gritos	75
70. La tentación de volver	76
71. No confundas el deseo con el amor	77
72. Despierta y toma tu misión	78
73. Fallaste una vez más	79
74. El dolor no se cubre con maquillaje	80
75. Tiembla en nuestro interior	81
76. Un día a la vez	82
77. El amigo que se quitó la vida	83
78. No estaremos solos	84
79. Con las manos vacías	85
80. No estás enamorado de mí	86
81. Encuentra lo verdadero	87
82. Levántate	88
83. El amor no nace tras la posesión	89
84. La ignorancia los empujo al error	90
85. Hay que saber perder	91
86. Siempre hay lugar	92
87. Basta con despertar y sonreír	93
88. Perdona si insisto	94
89. Basta de mentiras	95
90. Aparentemente mutilado	96
91. Memorias de un alcohólico	97
92. No seré yo	98
93. COVID-19 en casa	99
94. No podrás ser mi dueño	100
95. No intentes manipular	101
96. Verás partir lo que amas	102
97. Un toque distinto	103
98. Volvió a suceder	104
99 ¡Ríndete!	105
100. Vienen tiempos mejores	106

1. Ya nada será lo mismo

Llueve afuera y llueve dentro, el cielo me acompaña en mi lamento, por la tan deseada libertad que aún no ejerzo, liberación de mis miedos, vicios y defectos. La historia enseña que una bella obra de arte se forma con mucho esfuerzo, entre tormentas y tempestades surgen los nuevos comienzos. Porque lo que se corrompe se destruye para renovarse, jamás se tira la materia prima cuando hay lugar para transformarse. Cuando un tsunami arrase con todo, no nos lamentemos, por lo que quedó enterrado en el lodo. Ya nada será lo mismo y eso es perfecto, porque bailaremos con otro ritmo creando adrenalina para los retos. La vida es un drama que no es escrito por sí solo, nos daremos cuenta de que Dios nos ama, que somos más valiosos que el oro.

2. Mitad luna mitad sol

Somos mitad luna y mitad sol, con una parte oscura y otra con un inmenso resplandor. Nuestro destino es terminar con lo que nos divide, con nuestras actitudes todo se decide. Elijamos si somos de la gloria o del infierno, que no nos deslumbren las victorias, que en la adversidad es donde nace lo verdadero. En este mundo soltar es acumular bendiciones, porque así hacemos espacio eliminando tentaciones. Todos tenemos un lado de luz y un lado oscuro, pero solo Dios nos hace sentir seguros.

3. El fuego de la rebeldía

Señor mío, ya el fuego de la rebeldía, devoró a su paso todo lo antiguo. Pues entre el muro y el fuego, extendí mi mano, y grité "¡Sálvame!", pero no lo hiciste, permitiste que el fuego me consumiera y me convirtiera en nada. De entre las cenizas, soplaste y me formaste de nuevo. De rodillas, frente al altar, me empezaste a conquistar a través de tus sagrados misterios, bajo el manto de mi madre, por el sendero de la fe empecé a caminar. Al contemplar tus misterios dolorosos, rodaban lágrimas por mis mejillas. Y supe que me importabas cuando empecé a gemir, no por mis heridas, sino por las tuyas. Comprendí que te amaba cuando me consumí en la pena, no por mi desgracia, sino por la tuya. Porque aun entregando hasta tu última gota de sangre, nos alejamos de ti, permitiendo que el pecado nos destruya.

4. *Destino en mutación*

Hoy nuestros destinos sufren una mutación, nos vemos forzados a cambiar de dirección. Es momento de ser creativos, en medio del caos, valoremos que aún estamos vivos. Aprovechemos para darle vida a una nueva emoción, sacar a la superficie talentos suprimidos, veamos esto como una bendición, no como un castigo. El mundo entero hace una pausa, mientras luchamos con un enemigo invisible, nos refugiamos en nuestras casas, el futuro se hace impredecible. Solo el presente está en nuestras manos, con el Santo Espíritu de aliado en todos nuestros asuntos, permitamos que Dios sea nuestro gran abogado, trabajando adjuntos.

5. Nos alcanzan las brasas

Llega la desgracia a nuestra casa, por vivir entre el fuego, siempre nos alcanzan las brasas. La fe es la medicina que nos hace retomar el camino, nos hace renacer de entre las cenizas y forjar un nuevo destino. Todo guerrero es arrastrado al infierno, pero aquí, el dolor y la angustia no son eternos. El que tiene fe no se enfoca en el problema, sino en la solución, al entregarle a Dios todos nuestros dilemas, seremos dirigidos a la acción, que hará palpitar de nuevo nuestro corazón.

6. *Las cosas son como son*

Las cosas son como son, no puedes cambiarlas, lo que depende de ti es como las recibes en tu alma. Hacer una pausa y analizar que lo que sucede no es tan malo, es mejor que solo tratar de escapar de un triste pasado. Para construir algo nuevo siempre se empieza desde cero. ¿No tienes nada? Oportunidad perfecta para construir lo verdadero. Con fe, esperanza y amor, Dios te reconstruye de nuevo.

7. Ya no hay prisas

Se valoran más los abrazos cuando no se pueden dar. Los saludos son escasos, nuestras manos extrañan saludar. No se acaba la iglesia cuando se clausura el templo, la amistad no cesa cuando el saludo es de lejos. Las flores nos dan alegría aunque estén plantadas, admiramos el vuelo de las aves, aunque se alejen con sus alas. Que no se enfríe el amor por falta de contacto, una mirada puede dar calor haciendo un alto. Ya no hay prisas, no hace falta ir tan rápido. Regala sonrisas que aclaren que el amor aún no se ha perdido. Esto encierra una oportunidad, no un castigo. Dios nos regala el tiempo que no habíamos tenido, para meditar a solas, la pasión de nuestro señor Jesucristo.

8. *Nunca es demasiado tarde*

Nunca es demasiado tarde para ser quien nunca has sido, para explorar otros mapas y encontrar el tesoro perdido. Amarte a ti mismo te liberará del abismo. No hay nada más difícil que acostumbrarte a ser diferente, porque al renacer desde cero, las dudas te harán frente, pero lo desconocido es el destino de los valientes. Serás como aquel bebé que aprende a caminar a base de muchos golpes, poco a poco y con pasos muy torpes. Confía en que Dios será tu eterno soporte.

9. *Valora*

Deja de sentirte el más desdichado del mundo, cuando hubo alguien que sintió un dolor aún más profundo. Porque se echó tu pecado y el mío sobre sus hombros, cargó con la debilidad de la humanidad sin asombro. Solo tenía en la mente liberarnos de la esclavitud, aunque con el tiempo se hace más notable nuestra ingratitud. Por no valorar el precio por el que fuimos rescatados, regresamos al fango como si no hubiésemos sido salvados. Hoy es un buen día para decir '¡Basta!" y suplicar al Santo Espíritu que renueve nuestras esperanzas.

10. Abrí los ojos del alma

Abrí los ojos del alma y me quedé en silencio. Me di cuenta de que al despuntar el alba, la dignidad cae en descenso. El llanto enmudece, mientras que el maquillaje al rostro embellece, pero el alma se queda atrapada por esas cosas que lastiman y no se hablan. Como si fuéramos un ataúd, guardamos lo que ha muerto, aunque sean cosas del pasado, sin perdón nuestro destino es incierto. Porque miramos al enemigo en cualquier hombre, aunque la medalla sea de oro, la rechazaremos como si fuera de cobre. Defendemos la libertad del mundo, ignorando que fue la misma que nos perdió de rumbo. Solo Dios nos escucha cuando nadie más lo hace, hagamos una sincera oración y tendremos un favorable desenlace.

11. Llamado a la acción

La paz llega cuando aceptamos lo que es, cuando no luchamos por voltear todo al revés. Todo acontecimiento nos regala una lección, porque detrás de nuestros lamentos, hay un llamado a la acción. Para tener buenas calificaciones hay que hacer la tarea, lo mismo pasa con nuestras pequeñas acciones, estas nos quitan las barreras. La pereza nos arroja al miedo y nos hace temblar en tiempo de guerra. Un buen guerrero de Dios es diligente durante una larga espera, aprende a ser paciente y de ser necesario todo lo entrega.

12. Te burlas porque envidias

La burla disimula la envidia, lo que en ti no abunda te fastidia. Nadie tiene lo que es tuyo, para convertirse en mariposa cada oruga construye su propio capullo. La luna no es menos que el sol, pero quizá se acompleja por depender de su resplandor. Son los fantasmas del ayer los que nos juegan una mala pasada, nos vuelven como a una roca, que al no moverse, tiene que ser arrastrada, pensando que vive la vida que le toca, ignorando que fue por ella creada. Rompe tus cadenas en lugar de envidiar mi libertad, dentro de ti creas tu propia condena, en tu interior confundido se produce tu ansiedad. Un reino dividido no puede subsistir, le entregas tu alma a Dios o dejas que el maligno te termine por destruir.

13. Parecerá un castigo

Te dará miedo lanzarte al vacío, empezar de cero parecerá un castigo. Pero es ahí donde obra la fe, cuando eres capaz de imaginar lo que aún no se ve. Si te arrepientes de corazón, tu destino cambiará de dirección, pero será cuestión de tener paciencia, de ponerte a armar el rompecabezas. No sientas que para nadie eres importante, porque Dios no te ha descuidado ni por un instante. Bastará con conocerlo y volverlo tu mejor amigo, para que él llene todos tus vacíos.

14. Ser diferente tiene su precio

Ser diferente tiene su precio, los demás solo nos tomarán por necios. Cuando elegimos nuestro propio camino, los demás sentirán desatino. Porque no usamos sus mismas reglas, es mejor seguir en secreto que escuchar sus quejas. Ellos dirán que fue cuestión de suerte, si la fortuna nos sorprende, pero es cuestión de trabajo interior, de tener confianza e ignorar a los negativos. Los caminos de Dios se transitan con fe, porque al principio la bendición no se ve.

15. No está todo perdido

Entiende que no está todo perdido, que la vida no se detiene solo por tu corazón herido. No te escuches a ti mismo, pues es tu forma de pensar la que te devuelve al abismo. Lee libros, júntate con gente distinta a ti, para que actives tus habilidades, poniendo tu energía más en las cosas del alma, y menos en las carnales. Dios te transformará si tú se lo pides, pero procura soltar lo que te hace mal y te divide. Para servir a Dios hay que ser íntegro, de su lado verás claro donde antes solo mirabas negro. Perteneces a la luz, déjate reconstruir por el Santo Espíritu, que hace al mal huir mostrándonos a Dios en su plenitud.

16 Construye hábitos

Ahora que comprendes que estabas equivocado, construye hábitos nuevos para que consigas todo lo que has ansiado. No basta con luchar para obtener las cosas, hay que cambiar desde dentro, no solo cambiarnos de ropa. Nuestros mismos hábitos nos regresarán al mismo lugar, tenemos que dejar de ser los mismos para poder avanzar. Cuando te vaya bien no habrá sido cuestión de suerte, será porque hiciste algo diferente. El cambio es tu mejor aliado, cuando te sientes triste y estancado. Si no sabes como empezar, aclama a Dios y él te dará la inspiración.

17. Detente

Detente, si te sientes herido, reconoce que te duele haber perdido. La falta no estuvo fuera, sino dentro. Te faltó bajarle el volumen a tus palabras, hablar de tus profundos sentimientos. Si ya te equivocaste, aún te queda algo por hacer, solo el perdón puede restaurarte y darte paz al amanecer. No estás solo y nunca lo has estado, del cielo te llegan los aliados. Tu mejor arma es una sincera oración, recuerda que Dios te ama y sanará tu corazón.

18. Hay que salirnos del ruedo

Nunca me gustó la idea de forzar mi destino al pretender ser parte del montón que elige un mismo camino. Si torear no es lo nuestro, hay que salirnos del ruedo, a pesar de las habladurías, sabremos que no lo hicimos por miedo. Se consigue más en el silencio de nuestro interior que entre el ruido del mundo, busquemos nuestra propia verdad, navegando profundo hacia las aguas pantanosas de nuestro inframundo, donde nadan los recuerdos, cadáveres vivientes, que nos roban la calma y nos mienten. El pasado lástima cuando no se suelta, morrales sobre nuestra espada que agrandan nuestra silueta. Somos más livianos de lo que pensamos, cuando le entregamos nuestro pasado a Dios, nos liberamos.

19. Jardín de mis esperanzas

Jardín de mis esperanzas, para darte vida las fuerzas ya no me alcanzas. Tú me darías alimento en tiempos adversos, ahora todo mi ser se siente indispuesto. Veo por la ventana que te marchitas y solo me lamento. Pero esto es pasajero, porque después de la tormenta, nos alegran los colores del arcoíris y nos recuerdan lo fugaces que son las crisis. Tú, mi jardín, volverás a la vida después de un invierno gris. Ahora me ausento, pero retomo mi fe y regreso. Aprendí a no dar todo por hecho, entiendo que cada día trae sus desafíos, pero no hay ni un solo problema inamovible, cuando confiamos en Dios todo se vuelve posible.

20. No has perdido

No has perdido, solo porque a quien querías, no te ha correspondido. No cambies solo para conquistar su amor, sin embargo, sigue luchando por ser tu mejor versión. Procura la conquista de ti mismo, soltar lo amado es ir soltando el egoísmo. Llegará el día en que lo que quieras se quedará y sabrás que es el amor mutuo, el que te llena de felicidad. No pretendas conseguir nada a la fuerza, ni conquistar a base de chocolates y flores, si a alguien no le interesas, no ahogues con licor tus dolores. Después del desamor solo queda una solución: entregárselo a Dios para que sane tu herido corazón.

21. El cambio no llega solo

El cambio, es un invitado que no llegará por sí solo, si le hablas, se hará el sordo. El cambio, es un caballo salvaje, pero si insistes en domarlo, se quedará como un tatuaje. Seamos constantes con nosotros mismos. Erradiquemos de nuestras vidas ese cinismo de saber lo que se tiene que hacer y no hacerlo. Ser los mismos de siempre es fácil, pero a veces es mejor empezar de cero, borrando todo como escritura en lápiz, transformándonos antes de nuestro entierro. Dios no actúa si nosotros no tenemos iniciativa, si insistimos con pasión, el poder de Dios nos activa.

22. La vida te sorprende

Las cosas no pasaron como querías, fue por eso que surgió una mejoría. Porque tus mismas decisiones te hubieran llevado a caer en los mismos errores. La vida te sorprende cuando te das cuenta de que el destino no se vende. Hay cosas mejores de las que te has imaginado, por eso el tener fe es tan necesario. Se cosecha lo que se siembra, al cultivar la esperanza, el pasado se remienda. Cuando corriges tu camino, cambia tu destino, entonces Dios te concede lo que siempre habías querido.

23. Tú y yo somos iglesia

Se cierran los templos materiales para darle mantenimiento a nuestros templos espirituales. Tú y yo somos iglesia, hay que construirla por dentro para que no luzca bien solo en apariencia. En tiempos de crisis se reafirman las creencias, el mundo entero sufre una metamorfosis, se tambalean los cimientos de las grandes potencias. Los tiempos se han vuelto impredecibles, nuestros planes se hacen inaccesibles. Las circunstancias nos obligan al aislamiento, oportunidad para darle a nuestra alma mantenimiento. Parar es absolutamente necesario, cuando en la carrera de la vida no vamos para ningún lado. Permitamos que sea Dios quien calme las aguas, confiemos en que él no duerme, solo espera que dejemos de darle la espalda.

24. Cuando dejé todo ir

Fui feliz cuando dejé todo ir, cuando comprendí que nada me pertenecía, cuando me propuse vivir de día en día. Aunque a veces, las consecuencias de nuestros errores son irreversibles, debemos de encarar el mundo con mentalidad flexible. Si no se pueden hacer las cosas de una manera, se podrá de otra, la fortaleza de nuestro espíritu es lo que importa. Porque a veces, los caminos de Dios no son los nuestros, puede aprender a utilizar su mano izquierda quien siempre fue diestro. Es que no basta con cambiar de página, hay que cambiar también de libro, evitando los excesos, procurando el equilibrio. Nadie es una obra terminada antes de morir, pues hasta nuestro último suspiro, Dios no nos deja de pulir.

25. Todo estará bien

¿Te das cuenta de que todo está bien cuando sueltas el mando y a Dios te encomiendas? Tu fe te protege del caos de allá afuera. Para llegar a un destino de bendición pasarás por el fango, pero todo estará bien, recuerda que desde el suelo es que se sube de rango, que te esperan mil bendiciones, que a cada segundo creces con tus lecciones. Todo irá bien, recuerda que tienes a tu ángel a tu lado, que en el estrés del día, él te sigue inspirando. Dios te rescata en el presente cuando te sueltas del pasado. Con fe todo irá bien, aunque hoy te veas derrotado.

26. Dominio propio

La manera de comportarnos depende de nosotros, porque no somos animales salvajes y tenemos capacidad de dominio propio. Aprende de templanza y le darás a tu destino esperanza. Cultiva la prudencia y resalta tu verdadera esencia. Condúcete con justicia dejando atrás la avaricia. Descubre tus fortalezas y se apartarán de ti las tristezas. Tu misión es desarrollar virtudes, estas enriquecen tu vida y humanizan tus actitudes. No des por hecho que siempre tendrás las fuerzas para andar por el mundo con valor y destreza, utiliza tu energía y tu pasión para hacer el bien, vuélvete fiel sirviente de Dios, y ya no serás del mundo su rehén.

27. La fe es

La fe es aquel unicornio con alas que llega a nuestro rescate cuando ya se nos fue el tren. Sus comentarios hieren como balas si es que damos por hecho lo que ellos creen. Pero al igual que no amanece sin el sol, no se dejan de cumplir las promesas de Dios. Pide y se te dará, toca y se te abrirá, espera y recibirás, pasará este mundo, pero sus palabras no lo harán. Nuestro combustible es la pasión, nuestro motor se repara con amor. Nada será inalcanzable cuando confiemos en Dios y nos sometamos a sus mandamientos, cumplir nuestros sueños será inevitable, los crearemos con el pensamiento.

28. Practica la fidelidad

En esta vida no siempre obtendrás lo que quieres, sino lo que mereces. Si gustas de cosas buenas tendrás que ser merecedor de ellas. Es cuestión de ponerte al nivel de aquello que deseas. No busques en alguien más lo que dentro de ti no encuentras, porque se desatará la batalla, porque en un mundo de diferencias la guerra estalla. Tener un mismo objetivo no será aburrido si es que te unes a alguien para convertirse los dos en uno mismo. Practica la fidelidad mucho antes de conocer a tu pareja, construye con Dios una relación de tres y deja que él los proteja.

29. Solo necesitas fe y confianza

Todo está bien, solo necesitas fe y confianza, para que resurjan de las cenizas todas tus esperanzas. El problema es que las cosas no pasaron como tú querías y encima la tragedia golpea tu vida. No eres el único que sufre en este planeta, pero el dolor y el fracaso nos abren la puerta a una nueva meta. El tiempo te ayudará a sanar tus heridas, Dios te transformará en la medida en que se lo pidas.

30. Con Dios

Con Dios agregamos valor a nuestros años, pero habrá críticas al escalar cada peldaño, por no ser los mismos de ayer, nuestro comportamiento les parecerá extraño. Pues para convertir una piedra bruta en una hermosa escultura, se necesitan muchos golpes, nuestros cambios les pueden parecer una locura y nuestros pasos muy torpes. Porque cuando Dios nos forma abundan las heridas, nos adornan las cicatrices, y con el llanto de nuestras penas se fortalecen nuestras raíces. Nadie sabe quiénes somos realmente, excepto Dios que todo lo ve, su espíritu renueva nuestra mente, su infinito amor inunda nuestro ser.

31. No estés triste

Ya no estés triste, si algo ya no está en tu vida es porque terminó su ciclo y tenía que irse. Si quieres cambiar tu historia, tienes que cambiar el cómo utilizas tus horas. Es indispensable que apliques nuevos hábitos, ya no sufras por lo que la vida te quitó. Tatúa en ti actitudes admirables, para que lleguen a tu vida personas confiables. No eres el arquitecto de ti mismo, es importante que sueltes la soberbia y el egoísmo. Porque para reconstruirte ocuparás la ayuda de Dios, solo él sana tus heridas y te reconforta con su amor.

32. Controlar nuestras pasiones

Entre más nos acerquemos a Dios, tendremos más tentaciones. Aunque el mar se mire en calma, por dentro hay un remolino de emociones. El perdón es una gran herramienta para ofrecerlo después de que estallamos en una rabieta. No somos animales salvajes para que dominen nuestras pasiones, tenemos que enfrentar con responsabilidad nuestras acciones. No debemos ir detrás de lo que nos gusta si sabemos que nos hace daño. Quien quiere sacar ventaja de ti te hará caer en el engaño, pero hay un poder que nos libera de todo esto, pidamos al Santo Espíritu en oración y Dios hará el resto.

33. Al final

Al final las respuestas siempre estuvieron en nosotros mismos, pero fue necesario lanzarnos al abismo. Desesperados, tomamos el camino que se nos puso en frente, como caballos desbocados, sin rumbo ni jinete. El diablo nos hizo su juguete, siguiendo el esquema de lo prohibido, destruimos todo a nuestro paso cual río crecido. Mientras la sociedad nos juzga por las huellas de nuestros errores, con una sonrisa ocultamos nuestros dolores. Pero hay una luz al final del túnel, cuando con otro enfoque cambiamos de nivel, uniéndonos al sagrado corazón de Jesús, reconociendo que de aquí solo nos salva él.

34. Se estrelló en tu ventana

Se estrelló en tu ventana, una preciosa ave, te sientes desconcertado, te parece algo muy grave. Pero si observas el acontecimiento, encontrarás una clave que te invita a la renovación, a que pidas disculpas y repares. Es un mensaje de lo impredecible que es la vida, de que no somos eternos y que de repente llegará el último día. Este hecho que te tiene pensativo, te sirve para que analices y detectes lo destructivo. Descubre aquellas ideas que no te llevan a ninguna parte, las cosas pequeñas por las que sueles enfadarte. A esa ave muerta entiérrala en tu jardín, después ora a Dios para que te ayude a discernir.

35. Podemos ser diferentes

Podemos ser diferentes, dejar de escuchar esa música que controla nuestra mente. No tengas miedo de soltar a quien has sido. Así como llega el tiempo de volar del nido, llega el momento de reconstruirnos. Pero no estamos solos, Dios es el alfarero, él nos destruye y nos forma de nuevo. Tener fe es soltarse de lo conocido, sabiendo que el que le es fiel a Dios no quedará vacío. La gracia del Espíritu Santo llenará nuestro ser, una vez que le demos la espalda a todo lo que no se alinea con él.

36. Procura reforzar tu fe

Hoy te pasó a ti, pero en realidad le pasa a todo el mundo, el sentir que es el fin, al navegar por un dolor profundo. Estás en las aguas profundas para purificarte, no para ahogarte. Ahora suelta aquello que ya se fue, y en tu dolor, procura reforzar tu fe. Porque lo que no te mata te hará resistente, al ejercitar tu alma en oración, tu espíritu se hace resiliente. La adversidad es parte de la vida, aunque te sientas en un callejón sin salida. No preguntes "¿Por qué me pasa esto?", sino "¿Para qué me pasa esto?" Quédate tranquilo y deja que Dios te responda en el silencio.

37. Tu destino es ser santo

Tu destino es ser santo, no importa que hoy te dé risa o espanto. Estás en un camino de conversión, al hacer un largo viaje siempre cambiarás de estación. El pecado es muy cómodo y adictivo, pero te roba la calma y te deja vacío. La felicidad va de la mano de la obediencia, al necio y al rebelde no le sirven de nada las apariencias. Si tu renuncia no es verdadera, en tu interior vivirás en constante pelea. Estás construido por dos y siempre gana a quien más alimentas, uno te pide rock y excesos, el otro vive solo por hoy, limpio de falsos deseos. Tu poder superior no puede ser otro que Jesucristo, quien nos lleva a Dios y recupera todo lo perdido.

38. Somos un peligro

Somos un peligro, cuando la ira tiene el dominio, lo mejor es someternos a la dirección de otros, aunque esto nos parezca la peor opción. Cuando llevamos dentro al enemigo, nuestro propio criterio deja de ser asertivo. No podremos liberarnos a nosotros mismos, solo con el perdón se practica el heroísmo. En nuestro interior hay un mundo por conquistar, el reflejo de nuestro espejo es el primero que debemos amar. De nada nos sirve cosechar éxitos fuera, si por dentro continúa la guerra. Renunciar al mundo para sumergirnos en nuestro interior es lo mejor, así es como el Espíritu Santo renovará nuestro corazón.

39. Roba sonrisas

Permite que la tristeza se vaya, de paso, no dejes que los una ningún lazo. Sal a la calle y roba sonrisas, es todo lo que necesitas, cuando sientes que el corazón se te hace trizas. Dentro de ti llevas un héroe, cuando el espíritu gana, tu ego pierde. Haz algo por alguien cada día, aunque sea darle los buenos días. Da todo aquello que esperas recibir, sin entristecer porque no regresa por las mismas vías a ti. Dios te pagará a su debido tiempo, hoy solo procura trascender tus lamentos.

40. Haz espacio

El pasado te hiere cuando te sumerges en el ayer, solo empañas tu presente y te duele hasta el atardecer. El único borrador del resentimiento es el perdón, este te dará los cimientos para construir un destino mejor. El presente es el regalo que te trae lo que ayer se te había negado. Haz espacio para una nueva historia, poniendo en las manos de Dios todas tus memorias. No se borran los hechos, pero sí se desvanece el dolor, cuando le das a Dios los derechos para que reconstruya tu corazón.

41. Perder es la mejor opción

Perder es la mejor opción, porque te empuja hacia una nueva dirección. Borra tu antiguo casete y escucha una nueva canción, una que te dé paz y te llene de emoción. Utiliza tu derecho de ser diferente, construye buenos hábitos para que a los malos les hagas frente. Implementando lo nuevo se esfuma lo viejo, el fracaso no será tu eterno reflejo. Cuando se está abajo, es cuando se descubre la salida, porque en un pozo aprecias más la luz del día. Despierta y descubre que Dios siempre tuvo su mano extendida, para rescatarte y ofrecerte una nueva vida.

42. Evaluemos nuestros errores

En este fin de año, evaluemos nuestros errores y nuestros aciertos. Revisemos si contemplamos las flores y sembramos semillas buenas en nuestro huerto. Los propósitos son para cumplirse, pero si no formamos nuevos hábitos, más tardarán en llegar que en irse. No obtendremos resultados diferentes siendo los mismos de siempre, será necesario un cambio radical, para cuando termine el año no estar en el mismo lugar. ¡Felicítate!, por seguir con vida, por tener la oportunidad de salvar tu alma cada día. Si en el pasado abandonaste, vuelve a hacer el intento, pero esta vez procura tener a Dios en el centro.

43. Es tiempo de soltar

Es tiempo de soltar, especialmente a la hora de amar. Porque el verdadero amor debe de ser genuino, se da sincero entre dos que están programados para un mismo destino. Nadie tiene la obligación de quererte, hablando de amores románticos, mira la realidad y se fuerte. Aunque no se te quite lo nostálgico, con el tiempo encontrarás la ilusión que te inspire un nuevo cántico. Lo bueno aún está por llegar, no llores por lo que a tu lado no se quiere quedar. Pídele a Dios amar de nuevo, mantente en oración y llegará a ti lo verdadero.

44. Hoy es un buen día

Hoy es un buen día para ser diferente, para evitar enojarte por lo de siempre. Si las cosas no cambian allá afuera, permite que cambien por dentro, puedes hacer del invierno primavera con el calor de un sentimiento. Ten compasión por quien se destruye a sí mismo, transforma sus agresiones en amor, no fomentes su egoísmo. Aprende a mirar en todos algo bueno, para que sea eso lo que gane terreno. Quien te agrede solo busca tu atención, ponlo en las manos de Dios y ofrece por él una sincera oración.

45. El verdadero amor no lleva prisas

Porque no todo lo que brilla es oro, buscando las aguas del Caribe, caeremos en el lodo. El placer se disfraza de amor para sostener el engaño, pero nuestros cuerpos no son para la explotación de extraños, que nos usan y nos tiran sin pensar en los daños, nos condenan a cosechar heridas al transcurso de los años. La dignidad y la decencia no pasan de moda, no permitas que los demás te sometan a situaciones incómodas. El verdadero amor no lleva prisas, porque la velocidad daña al corazón y lo hace trizas. El verdadero amor se construye con paciencia y se consagra en el altar de Dios ante su presencia.

46. Solo hace falta tu renuncia

Te equivocaste, pero hoy Dios extiende su mano para salvarte. Solo hace falta tu renuncia, porque los caminos de siempre te dejarán el alma sucia. La fe es necesaria para darte valor, es la certeza de que todo saldrá bien, aunque no veas claro a tu alrededor. Dejar todo lo conocido, será como dar un salto al vacío. Tienes a tu ángel para guiarte en el camino, confía en que Dios siempre te enviará a un buen amigo. No tienes que saber cómo vas a cambiar de vida, solo tienes que confiar plenamente en Dios y encontrarás la salida.

47. No tienes razón

No, no tienes razón, nunca la has tenido, por eso sigues el mismo camino que te mantiene perdido. Reconocer que te equivocaste duele, pero no hay dolor que el perdón no consuele. Basta con que cambies de dirección, para darle a tu vida una nueva ilusión. Aprende a ser quien nunca has sido, aplica nuevos hábitos y construirás un nuevo destino. Recuerda que un mal día para el ego, es un buen día para el alma, aprenderás a vivir de nuevo, renovarás tus esperanzas. Aunque no se borre tu pasado, este dejará de dolerte, cuando dejas de luchar con tus propias fuerzas, Dios te hace más fuerte.

48. Déjate de escuchar a ti mismo

Entiende que no está todo perdido, que la vida no se detiene solo por tu corazón herido. Déjate de escuchar a ti mismo, pues es tu forma de pensar la que te devuelve al abismo. Lee libros, júntate con gente distinta a ti, para que pulas tus habilidades, poniendo tu energía más en las cosas del alma y menos en las carnales. Dios te transformará si tú se lo pides, pero procura soltar lo que te hace mal y te divide. Ya que para servir a Dios hay que ser íntegro, verás tonos claros donde antes solo mirabas negro.

Perteneces a la luz, déjate reconstruir por el Santo Espíritu y experimentarás a Dios en su plenitud.

49. No tienes ningún problema.

En realidad, no tienes ningún problema, es solo que eres incapaz de voltear la página, ese es tu dilema. Lo que te impide ser feliz, quedó en el pasado, sin embargo te quedaste ahí, sufriendo como un esclavo.

Tus errores de ayer no son lo que te construye, dentro de ti hay la capacidad de renacer, mira hacia adelante y tu pasado se diluye. Tus errores te enseñan una lección, son los aliados que te fuerzan a cambiar de dirección. Cada día te da una oportunidad diferente, recuerda que lo que no te mata te hace resiliente. Mantén a Dios en el centro de tu vida y él inyectará valor a tus días.

50. No estás solo

No estás solo, en tu oración recibirás auxilio, cuando abres tu corazón y te sales de ti mismo. Hay una sabiduría que te enriquece en magnitud, solo necesitas fe y una buena actitud, Dios nos escucha y nos concede sus dones, estos nos ayudan a equilibrar nuestras emociones. El Espíritu Santo nos da paz, alegría, sabiduría, equilibrio y autocontrol. No tenemos que luchar con nuestras propias fuerzas, cuando Dios permite que sea a través de su Santo Espíritu que su poder se ejerza.

51. No todo lo que nos gusta podrá ser nuestro

No todo lo que nos gusta podrá ser nuestro. El desamor no es un verdugo, sino un maestro. El egoísmo nos hace pensar que el otro siente lo mismo, cuando entre su sentir y el nuestro nos separa un abismo. La soberbia es la que provoca las heridas, cuando se manipula al ser amado para que se quede en nuestras vidas. Llega la confusión cuando en nuestro cuerpo se activa el instinto de reproducción, haciéndonos ceder a la tentación. El amor de nuestra vida no suele estar a la vuelta de la esquina. Podemos ser amigos de todos, pero solo el amor de uno, bajo la bendición de Dios en el momento oportuno.

52. Cambia

Cambia, y encontrarás una razón para vivir, porque habrá mucho por reconstruir. Cambia, siguiendo una esperanza, no permitas que la pereza entre a tu casa. Intenta escuchar una nueva música, no te ates a nada y tu construcción será única. Cambia, todo tu ser lo necesita, no has decaído, solo ocupas una visión distinta. Tus aliados del cambio serán tus nuevos hábitos, confía en que Dios ayuda a quien lucha por volverse sensato.

53. La pereza es una ladrona

La pereza es una ladrona, que solo te quitará tu tiempo si no reaccionas. Tu depresión se traduce en falta de propósito, cuando tus sueños se consumen en el ocio. Entiendo, no eres perezoso todo el tiempo, pues trabajas muy duro, no por ganas, sino para conseguir un cheque, pero después, en lo que ocupas tu tiempo, sueles perderte. Drogas, vinos, cigarros y noches de parrandas, no te llevarán a un mejor mañana. Necesitas orden y templanza, y muchas otras virtudes que le dan a tu destino esperanza y enriquecen tus actitudes. Recuerda que no hay éxito que dure cuando eres esclavo de tus vicios, subes tan alto, pero tus excesos te devuelven al abismo. Es de valientes el aceptar que nos hemos equivocado, arrepentidos de corazón encontraremos en Dios un gran aliado.

54. Poema a un hermano que murió

Eras de carácter fuerte, pero templado. Con tu partida cuántos quisimos haber tomado tu lugar. Contigo brillaba el sol aunque estuviera nublado. Eras laborioso cual abeja construyendo su panal. Nunca discutías, siempre te aferraste solo al lado positivo de la vida. Desde que ya no estás, me propuse aprender a sonreír como tú lo hacías. Eras tan desprendido de este mundo, que, tratando de seguir tu ejemplo, cambié de rumbo. Edité el listado de mis prioridades, rompí mi viejo esquema desechando todas las banalidades. Le supliqué a Dios que me escribiera una nueva historia, me solté de todo, me olvidé de las vanaglorias. Descubrí que marcharse de este mundo es una bendición, cuando se tiene el alma buena y se vive con amor. Hablar bien de ti era fácil aun cuando vivías, porque tú siendo el menor, fuiste un gran ejemplo de vida.

55. Basta de ser cínico

Basta de ser cínico y envidioso, el problema no está en los demás, sino en que tú no dejas de ser un rencoroso. Al escuchar estas palabras, te hierve la sangre, porque la ira es la defensa del cobarde. Si hoy te pico la cresta, es para que crezcas, después de hacer tu rabieta, llegarán las respuestas. El problema es que te has vuelto muy superficial, no entiendes de practicar la bondad. Si todo lo que tocas lo destruyes, vuelve a los cimientos de las rocas que te construyen. Tu vida comenzará a cambiar, solo con la derrota total, cuando le entregues tu voluntad a Dios, para que te enseñe a amar de verdad.

56. Terminó con su vida

No estés triste por lo que él decidió, le pesaba la vida se le cansó el corazón. Aunque era importante para ti, no siempre pudiste estar ahí. Él decidió ponerle punto final a su vida, no hay culpables, quizá él siempre ocultó sus heridas. No hizo entrega de todo ese peso que cargaba en sus espaldas, lo atrapó la depresión y cortó sus alas. No hay culpables cuando alguien pone fin a su destino, porque hay dualidad en nuestro interior y a veces gana el enemigo. Pero no está todo perdido, porque Dios reanima las ilusiones, llena lo que siempre había estado vacío y sana nuestros corazones.

57. Sin obediencia no hay paraíso

Sin obediencia no hay paraíso. Dios perdona a quien implora clemencia, no al que hace de la verdad caso omiso. El verbo de Dios se encarnó y se hizo hombre, para redimir a todo aquel que aclame al padre en su nombre. El ser obedientes es fincar nuestro hogar sobre roca, pero es admirable quien pide perdón, no quien nunca se equivoca. A nuestra forma de ser le hace falta mantenimiento, pasar por un inventario, tirar el peso extra, restaurar nuestros cimientos. Hay que hacer planes siendo flexibles, porque Dios tiene mejores ideas para hacer nuestros sueños posibles.

58. Benditos los años

Benditos los años porque vienen cargados de oportunidad. Porque con el tiempo pasa mucho más que acumular edad. Se abren las puertas que resguardan el camino a nuestros sueños, se resuelven los acertijos, se cumplen los anhelos. A veces para ser feliz basta con dejar ir. No siempre se gana bajo el cielo, porque cuando se pierde aquí se acumula en lo eterno. Hay vidas que se cocinan a fuego lento, el tiempo sana las heridas y nos libera de lamentos. Los años son bienvenidos, cuando convierte en conocido todo lo extraño y se sube con pasión cada peldaño. A través de la oración, Dios será nuestro guía, disfrutemos al ritmo de una canción, porque el que se entrega a Dios vive con alegría.

59. Aprendí a vivir con fe

Ayer aprendí a vivir con fe. Ese es el secreto de mi éxito, el confiar ciegamente en que la historia es hermosa aunque no pueda leer el texto. Confío en lo que nadie ve, porque lo que se siembra es lo que ha de crecer. Con nuestros actos, escribimos nuestra historia, basta con corregirnos para llenarnos de victorias. Es mejor que nos acostumbremos a no ser los mismos, para darle espacio a un nuevo destino. Dios respeta nuestro libre albedrío mientras nos muestra lo verdadero, pero si nos apartamos de él nos arrastrará el río, es mejor confiar en sus misterios, que vivir perdidos.

60. Regálale al mundo una nueva actitud

En esta Navidad, regálale al mundo una nueva actitud, saca a relucir el bien que guardas en lo más profundo, se bondad a plenitud. No te esmeres con regalos desechables, las sonrisas y el buen humor son mucho más deseables. En ausencia de obsequios, valora los abrazos, ya que estos no están disponibles ni caros ni baratos. Haz con Dios un intercambio, en esta Navidad, dale todo lo malo y lo bueno se te multiplicará. Porque para renovarnos, necesitaremos la ayuda de un poder superior, solo Dios es quien nos da el verdadero regalo, haciendo renacer a nuestro señor Jesucristo en nuestro corazón.

61. ¿Cuánto cuesta una sonrisa?

¿Cuánto cuesta una sonrisa? Quizá cueste mucho, si hay que reparar un alma hecha trizas. Te cuesta sonreír porque aunque se diluya tu pasado no lo dejas ir. Mirar hacia adelante es girar el volante. Solo tú puedes sanar tus memorias, aunque no cambie la historia, te liberas cuando perdonas. Entiende que no eres el único que sufre, no estás condenado a esconder tu dolor dentro de un cofre. No le des la espalda a tus heridas, cuando le entregues tus resentimientos a Dios, se trasforma tu vida.

62. Hoy comprendes

Hoy, comprendes que ya no eres el de ayer, que cada día te trajo la oportunidad de renacer. Esta tristeza no pertenece en tu presente, nació en un pasado al que ya le hiciste frente. Aquellos errores ya no te representan, fuiste preso de tus temores, te rendiste ante una simple tormenta. Pero al igual que las flores mueren, para resurgir el año siguiente, en tu ser hay semilla nueva esperando a que la utilices. El tiempo no es una cárcel, no tienes que quedarte entre las sombras de tu ayer, Dios te convierte en criatura nueva, una vez que le entregas todo tu ser.

63. Nos vemos forzados

Hoy todos nuestros planes sufren una mutación, nos vemos forzados a cambiar de dirección. Es momento de ser creativos en medio del caos, valoremos que aún estamos vivos, aunque los días de confinados sean alargados. Es tiempo de darle vida a una bella canción, sacar a la superficie talentos suprimidos, reconocer estos tiempos como una bendición. El mundo entero hace una pausa, mientras luchamos con un enemigo invisible, recluidos en nuestras casas el futuro se hace impredecible. Solo el presente está en nuestras manos, tengamos al Espíritu Santo por aliado, permitamos que Dios sea nuestro gran abogado.

64. En mi interior hay dos

En mi interior hay dos. Uno se quiere quedar igual, el otro quiere progresar. Uno se molesta por todo, el otro se siente completo aunque lo dejen solo. A uno le afecta todo lo que de él piensan, el otro camina liviano e ignora las quejas. Hoy entiendo que con mis palabras les doy mi voto de poder, para que ellos me hagan ganar o perder. Sin embargo, cuando me rindo a mí misma, acabó con lo que me divide, entregando mi voluntad a Dios, haciendo todo lo que él me pide.

65. Ayer lloré

Ayer lloré, porque se me acabaron las fuerzas y sentí el final muy cerca. Pensé que ya no habría un mañana para vivirlo con todas mis ganas. La respiración se acortaba, las fuerzas se me agotaban. Solo al filo de la muerte nos damos cuenta de que no hemos hecho suficiente. El COVID llegó para despertarme, un simple virus tenía la capacidad de matarme. Pero en realidad no estaba en sus manos, sino en las de Dios, me hizo ver lo cortos que son los años y lo importante que es la conversión.

66. Las excusas se derriten bajo el sol

Hoy las excusas se derriten bajo el sol. Se cancelan todos los viajes, excepto el viaje a nuestro interior. Es tiempo de recorrer el país de nuestros recuerdos, de enfrentar todo lo suprimido, de darle batalla a nuestros miedos. No nos escapemos en una copa de vino, que anestesia en lugar de sanar nuestro corazón herido. Entendamos que hoy es el día cero, donde todo se derrumba para empezar de nuevo. Dejemos que colapse todo lo antiguo y construyamos un nuevo y santo recinto, a la par del mejor arquitecto: nuestro señor Jesucristo.

67. Al soltar todo

Al soltar todo lo que tenías, comprendiste que tus posesiones no te daban la vida. No pudiste estar con quien tú querías, tu destino perfecto frente a ti se destruía. Ante la derrota, la venda de los ojos se te caía. Tenías libre albedrío al igual que el resto, no podías tomar a alguien para ti ignorando esto. Quien no quiere estar en tu destino es libre de continuar su camino. Dios te entregará lo tuyo, porque al final cada quien sale transformado de su capullo.

68. *Aquí y ahora*

Aquí y ahora no hay un problema, aunque te martirices con cierto tema. Quizá solo sea falta de aceptación, entiende que ya se ha decidido la tonada de la canción. El preocuparte ahora no sirve de nada, intentar cambiar las cosas solo te hará la vida cansada. No sucedió lo que querías, pero quizá obtuviste lo que merecías. Es cierto que cambiaste, pero la bola de nieve ya había planeado el desastre, y cuando despertaste, fue demasiado tarde. No busco juzgarte, sino animarte, acepta tu error y camina hacia adelante, Dios te otorga el perdón y empieza a transformarte.

69. Entre gritos

Entre gritos y malos entendidos se ensancha el vacío, mientras el amor se fuga por las grietas de un hogar dividido. La madre se olvida de la ternura, a su vez el hijo pierde la cordura. La paz se ausenta, se instala la indiferencia, mientras los reclamos ignoran al perdón que toca a la puerta. Las palabras amables se tiran sin usarse y mientras decimos estar entregados a Dios, el diablo viene a burlarse. Porque nuestros hijos se alejan, abrumados por la incongruencia de quienes dicen amarlos, pero no lo demuestran. Pues les dan todo, como el ranchero le da lo que necesitan a sus bestias. Pero el que ama reflexiona antes de lastimar, pidámosle a Dios sabiduría, para el papel de padres poder desempeñar.

70. La tentación de volver

La tentación de volver a ser los mismos siempre está presente. Por esto, tenemos que practicar una disciplina espiritual diariamente. Estamos en el mundo, pero no somos de él, Dios llenará de luz nuestro rumbo, si es que le seguimos siendo fieles. La ocasión de pecar nos acecha constantemente, se necesita fortaleza interior para tomar un camino diferente. Somos el templo de Dios, debemos de tener esto muy claro, es por eso que lo tenemos que mantener limpio, libre de todo pecado.

71. No confundas el deseo con el amor

El amor se empieza a cultivar en nosotros mismos, no es algo que se consigue en el huerto de otro, eso es egoísmo. Pedir lo que no se lleva dentro es la raíz del descontento. No te llenará el amor de alguien más, si no sientes amor por ti mismo, de la persona amada te separa un abismo, aunque sientas que es normal, habrás caído en el masoquismo. No confundas el deseo con el amor, deseas muchas cosas pero muy pocas con el corazón. Alguien honesto no cumplirá tus caprichos, se irá de tu lado, no trates de retenerlo con hechizos. Porque el que ama de verdad es aquel que deja ir, si sembraste una buena semilla, lo perdido volverá a resurgir. Pero recuerda que entre el olvido y el vacío, hay algo que lo llena todo: el amor de Dios que nos acepta como somos.

72. Despierta y toma tu misión

Tú puedes salir de esa depresión, despierta y toma tu misión. Haz de cuenta que no tienes pasado y camina hacía el horizonte con espíritu renovado. La fe son las alas del caballo que se cree un unicornio, no estarás errado si vives al máximo antes de tu velorio, pero no confundas las cosas, la diversión vana apoda las espinas y marchita las rosas. Vivir al máximo no es coquetear con la rebeldía, es la prudencia el agregado que te dará valía. Haciendo lo correcto consigues más, porque cuando Dios te poda hasta el cielo llegarás.

73. Fallaste una vez más

Fallaste una vez más, parece un cuento de nunca acabar. El error está en que te sigues haciendo caso a ti mismo, siguiendo tus mismas ideas que te mantienen en el abismo. Acepta que no sabes como salir del hoyo, lo intentas y solo cavas más hondo. Nadie tiene todas las respuestas, comienzas a avanzar cuando lo aceptas. Ahora sigue aquel camino que nunca hubieses tomado, tratando de huir de tu mismo criterio que te mantiene herrando. Cuando no sabes para dónde ir, permite que alguien más decida por ti. Decidir con tus mismas ideas es lo que te hace estancarte. Pero cada día te da la oportunidad de renovarte, admitiendo otro criterio, abre la palabra de Dios y permite que su Santo Espíritu te resuelva el misterio.

74. El dolor no se cubre con maquillaje

El dolor no se cubre con maquillaje, no quieras arrancar lo mejor de la vida con chantajes. Lo que das, recibes, tu carácter de ogro a la ternura inhibe. No son ellos los que te ponen mal, es el torrente en tu interior de aquello que aún no logras superar. La madre necesita dar ternura, esa es la poción mágica que todo lo cura. Es cierto que no puedes dar lo que no recibiste, pero nunca es tarde para ir a la fuente y servirte. Dios te llena de su amor para que puedas repartirlo. Nunca es tarde para querer como nunca has querido y dejar que el Espíritu Santo llene todos tus vacíos.

75. Tiembla en nuestro interior

Cuando nos soltamos de la mano de Dios, tiembla en nuestro interior. Somos como casas de buena apariencia por fuera pero destruidas por dentro. Nuestras miradas son tristes, nuestra alegría refleja remordimientos. Nuestra cárcel es tan grande que ignoramos que estamos presos, vivimos con apariencia de libertad, por hacer lo que se nos viene en gana, esta se nos fue quitada. Nos refugiamos detrás de la melancolía de una triste canción, mientras contemplamos lo que fuimos algún día, nos invade la frustración. No sabemos vivir y nos duele aceptarlo, solo nos salvará el poder de Dios al dejarlo todo en sus manos.

76. *Un día a la vez*

Un día a la vez, vences la tentación, un día a la vez, encontrarás la solución. Cada día tiene sus batallas, hay que comenzar de nuevo con todas las armas. Armas de fe son las sagradas escrituras, a quien de ellas se fía se le esfuman las dudas. No te formarás con tus propias herramientas, necesitarás la ayuda de un mentor mientras de fe te alimentas, Dios no te deja solo en la batalla, cuando eres obediente él te cubre las espaldas.

77. El amigo que se quitó la vida

Como conseguir la calma querido amigo, si has renunciado a tu camino. Eras muy importante para mí, quizá no te lo dije cuando tú lo necesitabas oír. Se te acabaron las razones para vivir, y hoy ya no encuentro consuelo, necesito las fuerzas de Dios, porque las mías ya no me levantan del suelo. Dios, auxíliame en este duelo, con la fuerza de tu espíritu empezaré de nuevo. Desde donde estés querido amigo, inspírame a diseñar un nuevo camino. Suplico por tu alma y agradezco que te hayas cruzado en mi destino.

78. No estaremos solos

No estaremos solos, si vemos en el prójimo a un buen amigo, porque Dios se manifiesta hasta en un simple mendigo. La soledad es un espejismo, que se forja a causa del egoísmo, cuando solo vivimos para nosotros en lugar de practicar el heroísmo. Porque siempre habrá alguien que ocupe nuestra ayuda, al prójimo no se le ignora, se le saluda. La solidaridad ayudará a resolver el enigma del dolor, al darnos cuenta de que el prójimo solo ocupaba una mano amiga. Entendamos que somos los representantes de Dios aquí en la Tierra, al dar amor, la soledad se destierra.

79. Con las manos vacías

Con las manos vacías sentí abundancia, porque es la paz la que enriquece mi vida, cuando mi ser se llena de confianza. No he de sentir miedo ante la adversidad, porque mi creador, de ser necesario, hasta abre el mar para que yo pueda pasar. Con fe, amor y esperanza, se desvanecen las amenazas. No hay rival para el alma, cuando confiamos plenamente en Dios, con él no habrá derrota, aunque todo se derrumbe a nuestro alrededor.

80. No estás enamorado de mí

No estás enamorado de mí. Es hora que aprendas a ser feliz por mi existencia, aunque te falte mi presencia. Mis palabras llegan a ti y te ayudan a crecer, porque mi amor lo suelo repartir como el sol reparte sus rayos al amanecer. Me importa tu vida, aunque no pueda estar a tu lado, me muestras tus heridas y yo te ayudo a sanar tu pasado. No te sientas perdedor por no poder conquistarme, porque solo de uno será mi corazón, pero este no se gana en combate. Dios ha escrito tu historia y la mía, él ya designó al compañero de mis días. Si no eres tú no te asombres y recuerda que lo que Dios une, no lo separa el hombre.

81. Encuentra lo verdadero

Si nos quedamos sin trabajo y sin dinero, es una oportunidad para crear espacio y encontrar lo verdadero. Lo que se construyó sobre arena tarde o temprano se derrumba, es ahora que nos liberamos de nuestras cadenas renunciando a nuestras viejas posturas. El problema no son las deudas, sino la falta de iniciativa, bastaría con echar semillas en la tierra para ir encontrando la salida. Nuestro peor enemigo es la pereza, que nos lleva cosechar excusas donde podríamos cosechar fresas. Si hay desolación es por falta de conocimiento, porque entre cielo y tierra, es Dios quien fortalece nuestros cimientos.

82. Levántate

Levántate a hacer lo que nunca has hecho, cuando te sientes vencido, renacer es tu derecho. Cambia las reglas del juego para que puedas sobrevivir, pues tus mismas ideas te volverán a herir. El mapa de siempre ya no te sirve, acepta que te equivocaste y permite que Dios te guie. Nuestro creador nos ha concedido un ángel para auxiliarnos en todo, por más que nos sintamos aislados del mundo, nunca estaremos solos. Hay quien tiene mejores ideas que nosotros, cuando le soltamos el volante a Dios, él lo acomodo todo.

83. El amor no nace tras la posesión

El amor no nace tras la posesión. El verdadero amor no atrapa lo que ama, le deja libre aunque lejos se vaya. El amor entiende de renuncia, jamás retiene a la fuerza, el bien del ser amado es todo lo que busca. El amor jamás construye una dictadura, ni cobra los favores hechos, no acumula las facturas, no compra los derechos. El amor es imperceptible como el viento, aunque por dentro se sienta como un huracán, observará al ser amado de lejos. El amor no construye trampas, comprende que soltando es como de verdad se ama. Dios recompensa al que sabe amar, haciendo coincidir los sentimientos, para formar un solo cuerpo y disfrutar de la paz sin remordimientos.

84. La ignorancia los empujo al error

De pequeño te sometieron a ritos de iniciación para cumplir. Detrás de la costumbre te enseñaron a fingir. Fuiste sometido sin tu elección, te enseñaron a amar a Dios por obligación, te transmitieron lo sagrado entre palabras de dolor, sus descuidos te dejaron a merced del depravado. La ignorancia los empujo al error, por querer formar a un hombre como a un verdadero barón, te dejaron en mano del ladrón, los mismos que te han presentado ante el creador, te obligaron a la fornicación. Como templo de Dios fuiste vandalizado, ciegos mudos y sordos han pisoteado lo sagrado. Hoy solo te pido un minuto de tu presencia, para que le entregues tus faltas a Dios y recuperes tu verdadera esencia.

85. Hay que saber perder

Perder es ganar cuando te liberas de lo que a tu lado no se quiere quedar. Perder es una oportunidad para volver a encontrar una razón por la cual luchar. Si hoy perdiste, no te sientas triste, por lo contrario, empieza a sentir emoción por la infinidad de oportunidades que están a tu alrededor. Tu mente extraña lo conocido, pero tu corazón anhela explorar nuevos caminos. No has perdido por casualidad, la vida cobra las cuentas, aunque parezca injusto cuando es a ti a quien le toca pagar. No le hagas a nadie lo que no quieras que te hagan a ti, se sincero, no gastes ni un solo segundo en fingir. Aprende a perder y podrás resurgir, Dios nos reanuda el ánimo cuando nos dejamos corregir.

86. Siempre hay lugar

Siempre hay lugar para ser quien nunca has sido. Si el problema es el miedo y la falta de fe, hoy es un buen día para retomar el partido. Siempre y cuando no te metas en la libre elección de nadie más, podrás conseguir los anhelos de tu corazón y estarás en paz. Quien busca encuentra, a quien pide se le da, pero ten en cuenta que habrá veces que la vida te invite a soltar. El que ama deja ir, pide la ayuda del Espíritu Santo para que bajo su luz puedas discernir.

87. Basta con despertar y sonreír

Obligados a encerrarnos con nosotros mismos, para unos es una bendición, para otros es un castigo. Al darse cuenta de que el enemigo siempre estuvo dentro, que no había verdugos fuera, que nuestro interior es la sede de nuestro sufrimiento. Ya no nos alienta el maquillaje ni el dinero, de nada valen los chantajes, nuestros problemas no se resolverán con un hechicero. Para que vayan bien las cosas basta con despertar y sonreír, la vida nunca será color de rosa, pero Dios nos dará la fortaleza para seguir.

88. *Perdona si insisto*

Perdona si insisto en que cambies, pero si hoy no tomas acción, mañana será demasiado tarde. No esperes hasta llegar a viejo para lamentar no haber puesto en práctica los sabios consejos. Donde hay más trabajo es dentro de ti mismo, en tu interior es donde se construyen los obstáculos, donde se fabrica lo que se manifiesta como un castigo. Dios nos perdonará en la medida en que nosotros perdonamos, nuestro ser se transformará dependiendo de los nuevos hábitos que aplicamos.

89. Basta de mentiras

Basta de mentiras grandes o pequeñas, todas te llevan a cosechar heridas. La verdad te hace libre, tramar engaños para salir victorioso de nada sirve. Porque no hay nada oculto bajo el sol, tarde o temprano sale a relucir la verdadera intención. Los problemas los provocan las mentiras, porque estas son las rocas con las que construyes el muro que te bloquean las salidas. La verdad quizá te meta en problemas, pero por una justa razón si de verdad has cometido un error. El camino de la aceptación siempre tiene salidas, no somos perfectos, pero no tenemos porqué darle cabida a la mentira. Las cosas son como son, cuando nos damos por vencidos, es cuando nos llega la ayuda de Dios y reconstruimos nuestro destino.

90. Aparentemente mutilado

Por primera vez, el jinete incansable, de mi mente cabalgante, se quedó quieto y puso atención. Y ahí estaba él, aparentemente mutilado, mas, al escucharlo, parecía estar mucho más completo que la mayoría de los presentes en aquella sala, aunque no tenía piernas parecía tener alas.

Él, con aparente discapacidad física. Yo, con discapacidad en el alma, con las emociones fracturadas, la autoestima en el suelo, acompañada siempre de un valor acobardado que mantenía en pausa mis sueños. A él le faltaban las piernas, pero le sobraba por la vida el fervor. En cambio yo, con mis alas rotas, bella flor sin olor. Él, hacía proezas como si no tuviera límites, aunque tenía amputados sus miembros más útiles. Mientras yo solo me distinguía entre los inútiles. Pero desde que lo escuché todo cambió. Le escribí para agradecerle la esperanza que sembró en mi corazón. Él me llamó y me inyectó una dosis de valor. Hace algún tiempo que no le escribo, solo quería regalarle este poema para recordarle lo mucho que lo admiro. Que Dios le dé la fortaleza cada día, para que siga siendo luz en el camino de muchas vidas.

91. Memorias de un alcohólico

El alcohol nunca fue un buen aliado, aunque parecía ser mi mejor amigo, aquel que me quitaba los nervios y disimulaba mis vacíos.

Fui un perdedor, pero al tocar fondo, solo encontré una salida, porque cuando no se puede caer más bajo, solo nos queda empezar la subida. Fui de corazón necio, de juicio acelerado, de palabras altisonantes con la que construí un destino errado. Hasta que comprendí que luchar solo no podía, porque mi fuerza de voluntad sede a cualquier tentación, mi única salida, fue derrotarme a mi propia valía. Hoy ya no lucho con mis fuerzas, sino con las de Dios, de día en día, solo por hoy.

92. *No seré yo*

No seré yo quien me gane su corazón, pero eso no me impide dedicarle una canción. No seré yo quien despierte a su lado día a día, pero eso no me impide escribirle una hermosa poesía. No seré yo con quien ella elija vivir, pero eso no me impide idear algo para verla sonreír. No seré yo quien la lleve al altar, pero eso no me impide ser su amigo incondicional. No seré yo a quien ella ha elegido para amar, pero eso no me impide que la ame de verdad. Lo que se ama, se deja ir, le entrego mis anhelos a Dios, que es el que me da alientos para seguir.

93. COVID-19 en casa

Se confirma que la vida no es comprada, cuando respirar se convierte en una batalla. Mis piernas no responden, camino en cámara lenta, añorando poder correr. Salud, tesoro preciado, me has abandonado. Sin embargo, me siento más viva que nunca, porque estoy unida a los que sufren, hoy me cuesta ser indiferente con el dolor tan presente. Me invade un asesino que ha matado a mucha gente, aún no he dado por hecho de que seré sobreviviente. Porque quiero dejar morir a mi pasado y renacer, recordando que no siempre habrá un mañana para aprender de mi ayer. Estoy en el día cero, donde todo se cancela y se despide el miedo, la fe deja su huella y me empuja a empezar de nuevo. Dios supo de mi llegada y él sabe de mi partida, a mí solo me corresponde aprovechar este gran regalo de vida.

94. No podrás ser mi dueño

No podrás ser mi dueño, porque tengo criterio propio, porque me deslizo entre tus manos, como agua viva que jamás perteneció a un charco. Estoy en tu camino, como alguien que te ayuda a resolver un acertijo, no para darte un hijo. La vida es complicada, necesitarás de muchas manos amigas para comprenderla, pero una pieza histórica no pertenece a la persona, sino al estado, si la guardas solo para ti, habrás robado. Soy como el sol que nace para todos, estoy ahí para ti como estoy para el mundo, pero no quieras obtener de nuestro encuentro algo más íntimo. Si mañana me escribes y no respondo, recuerda que solamente Dios estará ahí, a pesar de todo.

95. No intentes manipular

Pide y se te dará, pero no intentes manipular. De nada sirve aferrarte a quien se aferra a alguien más, no puedes hacer nada cuando el amor en tu jardín no quiere germinar. Al final sabes que amaste justo cuando dejaste ir a quien te daba una razón para sonreír. Entenderás que el verdadero amor jamás encadena, le regalas lo mejor, aunque después no quede ni huella. Al paso del tiempo solo esperas su felicidad, le pides a Dios que lo amen tanto como tú lo podrías amar.

96. Verás partir lo que amas

Lo único seguro en esta vida es que verás partir lo que amas, de nada te servirán los chantajes ni mil alimañas. Hay quien llega a tu vida solo para enseñarte una lección, nunca detengas a quien no suspira al mismo ritmo de tu corazón. Aprende a reconocer los límites de una bonita amistad, estos te resguardan con prudencia en la virtud de la castidad. La pureza es un tesoro que no vale la pena perder por un instinto salvaje, creando cicatrices que permanecen como tatuajes. Disfruta de la vista al mar aunque la propiedad no esté a tu nombre. Recuerda que Dios nos enseña amar, pero el autocontrol depende de nosotros los hombres.

97. Un toque distinto

Es tiempo de cambiar, de gritar menos, de hacerles sentir a los nuestros un rato más ameno. Es tiempo de practicar el autocontrol, de darle un toque distinto a cada segundo del reloj. Para ser diferentes, hay que ser persistentes, porque nuestra mente nos quiere ver igual, repitiendo la señal del mismo canal. Es responsabilidad de cada uno, el decir basta, el ponerse de pie y darle al futuro esperanza. Querer es poder, seremos más fuertes, siendo pacientes, con las fuerzas de Dios, mientras que a la costumbre le damos un adiós.

98. Volvió a suceder

Volvió a suceder, tropezaste con la misma piedra que te hizo perder. No encontraste la solución, sino más bien una lección. Aprende de ella y no vuelvas a seguir esas mismas huellas. Y si ya estás en el círculo del fracaso, donde vuelves a los mismos pasos, deja de seguir a guías ciegos, los que te dirigen a esos mismos vanos deseos. El cambio duele, y más cuando amas lo que te hace daño, pero para avanzar es necesario, subir al siguiente peldaño. Dios hoy te dice que te ama, que te levantes y le ayudes a construir un bello mañana, que tus problemas no son tan gigantes, es solo el miedo el que te engaña.

99 ¡Ríndete!

¡Ríndete! La vida no es como has pensado. No puedes luchar por conseguir victorias mientras estás lleno de pasado. Aunque sueñas con cosechar perlas, vuelves a tropezar con las mismas piedras. La derrota es tu única salida, levanta las manos, suelta todo, y admite que no sabes cómo dirigir tu vida. Aceptar que te equivocaste, no es de cobardes, cuando ya se vive como un miserable. En el fracaso renace lo verdadero, verás que no hay mejor bendición que empezar de cero. Mira hacia el cielo y encontrarás un mentor, Dios tiene infinita sabiduría para reconstruir tu interior.

100. Vienen tiempos mejores

Vienen tiempos mejores, porque maduraste a consecuencia de tus errores. Aprendiste a ser paciente, a quedarte callado y ser prudente. Cambiaste tú y cambió el mundo, al dejar de escucharte a ti mismo caminaste hacia un nuevo rumbo. Ya no eres el mismo y eso es perfecto, porque has escapado del abismo y ahora tienes un nuevo reto. Amar hasta que duela, sin esperar nada, será tu nueva escuela. Ama sin egoísmo al prójimo como a ti mismo. Dios tiene la receta ganadora, mantente a su servicio, después de esta vida recibirás tu corona, libre de todo juicio.

www.ingramcontent.com/pod-product-compliance
Ingram Content Group UK Ltd.
Pitfield, Milton Keynes, MK11 3LW, UK
UKHW041950230426
12048UKWH00008B/246